我们的学校

WO MEN DE XUE XIAO

全景图说中国文明

杨理胜◎著

童　悦◎绘

中国轻工业出版社

图书在版编目（CIP）数据

我们的学校 / 杨理胜著；童悦绘． -- 北京：中国轻工业出版社，2025.3. -- （全景图说中国文明）.
ISBN 978-7-5184-5109-8

Ⅰ．G529.2-49

中国国家版本馆 CIP 数据核字第 202484PP15 号

责任编辑：李　锋　罗雅琼
策划编辑：李　锋　　责任终审：高惠京　　封面设计：董　雪
版式设计：李　涛　　责任校对：吴大朋　　责任监印：张京华

出版发行：中国轻工业出版社（北京鲁谷东街 5 号，邮编：100040）
印　　刷：北京博海升彩色印刷有限公司
经　　销：各地新华书店
版　　次：2025 年 3 月第 1 版第 1 次印刷
开　　本：889 × 1194　1/12　印张：4
字　　数：100 千字
书　　号：ISBN 978-7-5184-5109-8　定价：45.00 元
邮购电话：010-85119873
发行电话：010-85119832　010-85119912
网　　址：http://www.chlip.com.cn
Email：club@chlip.com.cn

231262E3X101ZBW

目录

导读

原始时期

“庠”原本只是原始时期养羊的地方，逐渐发展成了老者住的地方。因年轻人多向有经验的老者请教，因此“庠”慢慢成了教育场所。

夏朝

夏朝的统治者十分重视教育，制定了完善的教育制度。国都的学校叫作“序”，地方的学校叫作“校”。

商朝

商朝都城里有了大小学之别，小学叫作“左学”，学习孝悌之道；大学叫作“右学”，学习礼乐骑射。

西周

西周时期教育最大的特点是“学在官府”，只有官学没有私学，教育资源掌握在官府手里，官员也成了老师。

春秋时期

私学兴起，很多人拜孔子为师，学习《诗》《书》《礼》《乐》《易》和《春秋》等，弟子们还跟着孔子周游列国。

战国时期

战国时期的私学发展至鼎盛阶段，第一所由官家举办、私家主持的高等学府——稷下学宫设立。

秦朝

秦朝时期，统治者为了加强中央集权，关闭了私学、统一了文字，并加强法治教育。

汉朝

同时开设官学和私学，官学以太学为主，重点学习儒家经典；私学里的经馆，主要是学者讲学；私学里的书馆主要教孩子识字和写字。

魏晋南北朝

魏晋南北朝时期，虽然社会动荡、民不聊生，但教育发生了大变革。

隋朝

隋朝皇帝非常重视教育，亲自下诏鼓励全民学习，大力发展官学。隋朝还首创了延续千年，影响深远的科举制度。

唐朝

“国子寺”更名为“国子监”，成为管理官办学校的行政部门，直接对皇帝负责，是国家的最高学府。

宋朝

众多书院出现，涌现出一大批教育名师，学习氛围十分浓厚。

元朝

政府专门给农民开设学校。农闲时，农民可以去社学学习种植小技巧。

明朝

明朝皇帝为了培养文武兼备的人才，大力发展官学，推崇儒家经典。此外，皇帝还专门设立武学，教授武器操作和军事战术等。

清朝

清朝，政府设立国子监，专门为八旗子弟设置了学校，科举制度更加严密。

近代

1840 年鸦片战争爆发以后，中国大门被列强用炮火轰开，中国教育开始与世界交流，涌现出了一大批新式学堂。

新中国

新中国成立以来，国家高度重视教育事业，不断探索适合本国国情和时代需求的教育，先后推出了九年义务教育制度，全面推进素质教育等。

未来

同学们，你们认为未来的学校会是什么样子呢?

原始时期，学校开始萌芽

早在原始时期，人们为了适应生产劳动和社会生活，有了接受教育的需求，学校开始萌芽了。此时，学校虽然还没有专门的场所和专业的老师，但庠（xiáng）登上了历史舞台。

当时人们已经会从深色的天然汁液、野兽的血、木炭乃至矿物质中提取墨水，还会用树枝、木棍、骨头或尖石头写写画画，这些方式成为人们沟通交流的重要手段之一。

学的东西可不少

在古代，人们通过狩猎来获取肉食以维持生计。长者不仅会教年轻人如何狩猎，还会组织他们模拟狩猎过程。

长者会教年轻一代怎样挑选优质的石块，把它打磨成锋利的刀、矛等工具。他们还会教年轻人如何加工竹子、木头和硬骨头等材料，通过砍、削、烘烤等步骤，让这些材料变得更结实、更有韧性，从而制作出优良的武器配件。

庠——养老与教学的地方

原始时期，由于物质条件极为有限，羊成了难得的美味，通常只有部落中的长者才能享用。而那些食羊的长者，他们所居住的地方被人们称为“庠”。后来，年轻人遇到问题，都会前往庠中请教长者。一来二去，“庠”就变成了“学校”，并分为上庠和下庠。

课程表

课程名称	课程内容
军事课	制作武器、模拟狩猎等
道德课	孝道教育
礼乐课	诵读诗歌、学祭祀舞蹈、模仿等

当时的长者会教授最朴素的社会知识、社会规则，年轻人跟随长者学习社会风俗习惯、社会禁忌等，学会尊敬长辈、孝敬父母，懂得互助互援、承担责任。

长者会教导年轻人重复一些动物的特定动作来表达某种情绪。

长者非常注重培养年轻人良好的道德品行。

在庠外面的大空地上，人们会举行祭祀或宗教活动，这时候大家会一起跳舞。巫师或部落首领会站在最前面带领大家跳，同时也会像舞蹈老师一样指导大家。这种舞蹈有很多不同的动作，节奏也不统一，每个跳舞的人都有自己的风格。

夏朝有国学“序”、乡学“校”

约公元前 2070 年，禹建立了中国历史上第一个奴隶制王朝——夏朝。夏朝统治者非常重视教育，为了确保国家的长治久安，制定了完善的教育制度并建立了学校以培养人才。当时国都的学校称为“序”，地方的学校称为“校”。

什么是序

序是国都里的学校，有东序、西序之分，其中东序为大学，西序为小学。序最初是教习“射”的场所，后来发展成以军事教育为主，兼有议政、祭礼、养老乃至教育管理职能的学校。

人们对云雾雷电、风雨霜雪等自然现象有着强烈的敬畏之心，希望通过一些仪式与上天和神灵沟通，以求得庇护。

优秀的武士教授士兵如何使用青铜兵器，比如青铜戈、青铜刀等。

人伦道德课，学习如何孝敬长辈，做到父子有亲、长幼有序、朋友有信。

序，起初是专门教授射箭的场所。

小知识

教育主管出现了

据考证，教育已经成为夏朝的国家大事，并由国家机构中的六卿政务官之一的司徒主管负责。

高级教师——皋陶（gāo yáo）

皋陶是舜帝和禹帝时期的一位贤臣，曾经被舜任命为掌管刑法的“理官”，他的功绩主要体现在刑法和教育上，在教育方面他主要推行“五教”，即“父义、母慈、兄友、弟恭、子孝”。皋陶为人正直，比孔子还要早很多年，与尧、舜、禹并称为“上古四圣”。

课程表	
课程名称	课程内容
习射课	精准地拉弓射箭训练
其他武器教练课	准确使用铜兵器
宗教教育课	学习敬天尊祖
人伦道德课	学习处理人与人之间的关系

什么是校

校是地方的乡学，起初是养马、驯马的场所，后来发展成习武的学校。

小知识

谁可以去上学

夏朝等级森严，到正规学校接受教育的只有王公大臣和贵族子弟，平民和奴隶是没有资格接受教育的。底层的劳动人民只能通过长者口授言传、师傅带徒弟的形式进行知识和技能的学习。

商朝，上学得先占卜

商朝国力强大，经济发达。统治者为了保住自己的权利和地位，格外重视学校教育，不仅保留了部分夏朝的学校形式，还出现了一种新型学校——瞽（gǔ）宗。如果说夏朝有了大学、小学的雏形，那么到了商朝，统治者已经可以根据学生的不同年龄，设定不同的教育要求。大学被称为“右学”，小学被称为“左学”。此外，商朝人重视宗教，生活中的大小事都会算上一卦，上学也不例外。

右学

商朝人以西为右，崇尚右，因此就将大学设置在西郊，所以古称右学，这是后世“大学”的雏形。学生主要学习一般的文化知识，进行伦理道德教育、军事教育等，教师也都是有声望、道德礼教经验丰富、社会地位高的长者。

此时的文字有了进一步的发展，在学校里，学生们会进行相应的练习。

学习生活范围内的各科计算，那时的数字已经有 1~10，百、千、万。

商朝时，战争频繁，用兵较多，奴隶主阶级依靠军事力量来维持统治。奴隶主贵族要想成为大大小小的官员或武士，需要学习射御本领和作战本事，其中，包括射箭技术和驾驭战车的技能。

左学

商朝时期的左学是幼童接受教育的学校，也就是后世“小学”的雏形。学校设置在王宫东边，通常由有名望、有礼教经验、具有社会地位的长者教学。

课程表	
课程名称	课程内容
思想政治课	敬天崇祖、敬祖、学习先王的治国本事
军事训练课	学习射箭和驾驭战车，参加比赛和演习
礼乐教育课	学习奏乐、诗歌、舞蹈
书数教育课	学习在骨片上写字、刻写、计算

瞽宗

瞽宗是商朝的一种新型学校，与右学同属大学，只是名称不同。瞽宗主要教授礼乐、祭祀等，这里的老师被称为“乐师”。

平民的学校

商朝也有庠，同样是用来养老的地方。有经验的长者教年轻人上孝下悌。为了表达尊师敬老，彰显王室的恩泽，商朝人还会举行专门的养老之礼。序也承袭了夏朝时期的叫法，是学习射箭、修养品德、接受礼乐教育的场所。

贵族子弟基本都会几门乐器或者具备高超的音乐鉴赏能力。

商朝人重视礼，而礼制活动又少不了乐，所以商朝的乐教也十分发达，其文教政策就有“以乐造士”的说法。商朝设置瞽宗，正是他们重视祭祀，崇尚礼乐的表现。

贵族子弟 13 岁时就要掌握各种礼仪乐舞，这是他们生活中的一部分。贵族子弟若学术不精，会被其他贵族子弟嘲笑。

西周，学校都是官办的

西周时期，学校都是官办的，教育已有了一定的体系。学校设在各地官府之中，即“学在官府”。所有的学术、典籍等教育资源都掌控在官府手中，所以官员也成了老师。此时只有官学没有私学，教育分为大学教育、小学教育、乡学教育和家庭教育四种。

大学教育

在西周时期，进大学接受教育的学生需要符合以下要求：其一看身份，贵族子弟才有资格进入大学学习；其二看学识，平民中才华卓著者经过一定程序的选拔也能进入大学学习。这种严格的入学制度体现了西周时期教育的等级性。

小学教育

小学又称“外傅”，设在王宫的东南边。王宫守卫长官师氏和保氏兼任小学老师。小学重点进行德行教育，教育内容就是德、行、艺、仪几方面，实际上是关于奴隶主贵族道德行为准则和社会生活知识技能的基本训练。

课程表

课程名称	课程内容
礼	政治伦理课，学习宗法等级世袭制度、道德规范、礼仪等。五礼包括吉、凶、宾、军、嘉等
乐	综合艺术课，学习唱诵诗歌、奏乐、舞蹈等
射、御	军事训练课，学习射箭技术和驾驭马拉战车的技术
书、数	基础文化课，学习文字读写、算法
无论国学还是乡学，“六艺”都是西周各级各类学校教育的基本学科，包括礼、乐、射、御、书、数这六门学科，礼和乐最重要	

乡学教育

位于王都的大学和小学，总称为国学，而设在王都郊外六乡行政区中的地方学校，则称为乡学，乡学有家塾、党庠、州序、乡校等。乡学的教学方式比较灵活，有很多露天讲学，吸引大批乡民围观。

乡学由管理民政的司徒负责和主持，教育内容有明确的规定，教学以德、行、艺为主要内容，基本要求和国学差不多。

乡学实行定期的考察和推荐，把品学兼优者选送到上一级学校，经上级的考核再择优选送至国学。

东边的学室称为东序，也叫东学，由乐师给学生们上课，教授军事技能、兵器演练以及祭祀祖先等。

家庭教育

西周时期，孩子要先接受家庭教育。在家庭中，孩子从小接受基本的生活技能、礼仪规范等教育。受男尊女卑思想的影响，7 岁时，男孩与女孩的教育方式开始有所区别，男孩主要学习持家大事，主理外事；女孩主要学习女德，主理内事。相比于夏朝、商朝，西周时期的家庭教育已能按照儿童年龄的发展提出不同要求，并给予相应的教育内容，教育过程有了较明显的计划性。

春秋时期，私学兴起，"教室"可以自由选择

春秋时期，王权衰落、战争频繁，官学日渐衰落，不论国学还是乡学都很难进行下去。官学中的文化官员开始四处逃散，寻找出路。因此，私学兴起，并且在春秋末期逐渐发展到了初步繁荣的阶段。此时，私学的杰出代表——孔子登上了历史舞台。

人人争拜孔子为师

孔子是春秋末期鲁国人，是中国古代伟大的思想家、教育家。孔子开办的私学与官学不同，不分贵贱贫富，人人都可以入学接受教育。只要广大青年有学习的意愿，主动奉送10条干肉给他做见面礼（称"束脩"），便可以成为他的弟子。

孔子所用的6大教材：《诗》《书》《礼》《乐》《易》《春秋》。

孔子最重视学生的思想道德教育，军事知识技能课排在第二。孔子创新了教学方法。他会带弟子学习射箭，但并不普遍传授。孔子不上宗教课，也不给学生传授农业和手工业知识。

春秋时期的课本形式——竹简

春秋时期，人们一般把字写在竹片、木片等材料上，这些便是大家熟知的竹简或木牍（dú）。那么，怎么制作一个竹简呢？

选材：选用生长期三年以上的竹子为宜，枝干挺直，质地细密，便于修整；长短合适，便于阅读和书写。

削刮：将竹子劈成狭长的竹条，去除竹节再经过整理、削平、磨光，成为光滑平整的书写材料。

杀青：用火炙烤竹简，使其干燥脱水，达到防腐防虫的效果，并减少书写时墨迹的晕染。

刻写：使用毛笔蘸墨在竹子内壁书写文字，每根竹简写的字数不一，有的三四十个字，有的几个字。

小知识

竹简的不同用法

单片竹条称为简或牒，长度不一。三尺简用于书写诏书律令；二尺四寸简用于书写典籍经书；一尺简用于信件，称为尺牍。

跟着孔子去游学

私学有一项特殊的活动——游学，孔子曾率弟子周游 8 个诸侯国。一路上，孔子和弟子们不停地劝说其他国家恢复礼乐制度。可惜，没有人愿意采纳孔子的意见。

课程表

课程名称	课程内容
书数基础课	基础的书写和算数
礼仪课程	不同时节的祭祀规范、不同级别人员来访时的招待标准、不同阶层的吃穿规范
音乐课程	不同场合使用的音乐类型
武术课	射术和御术

整整 14 年的旅行，虽然一路上充满了艰难和危险，但也增长了孔子和弟子们的见识，让他们的思想变得更加深邃。

小知识

孔子的一生

姓名：孔子，名丘，字仲尼。

籍贯：鲁国。

履历：

3 岁时，父亲去世，母亲带着他迁居到今山东曲阜，日子过得很艰难，孔子很早就开始学本领挣钱。

15 岁时，努力学习六艺而成大才。

青年时，当过仓库管理员、饲养过牛马。

30 岁后，正式办学，开始当老师。

40 岁后，逐渐形成了自己的学说。

50 岁后，从政当官颇有政绩。

放弃官职后，孔子用了整整 14 年的时间，带着弟子们周游列国。

晚年，孔子回到鲁国，继续从事教育事业，并整理文献。

你还想拜谁为师

老子，姓李，名耳，字聃，春秋时期楚国人。子，是古代对德才兼备之人的尊称，类似后世的老师、先生。老子是道家学派的创始人。据说，孔子曾专程去向老子问学。

孙子，原名孙武，春秋齐国人，后成为吴国军事家。相传孙子教过女兵，她们是吴王专门给孙子挑选的一百多个妃嫔宫女。孙子要教授她们作战知识以及军纪。当时有两个妃子不听指挥，总是嘻嘻哈哈的，直接被孙子杀了。可见，孙子是一个要求非常严格的老师。

官家举办、私家主持的高等学府——稷下学宫

战国时期的私学快速发展，并达到了鼎盛。自由开放的教育方式孕育了大量杰出人才，并催生了诸多学派，例如以孔子为代表的儒家学派、以老子为代表的道家学派等，形成了学术上百花齐放、百家争鸣的盛况，标志着中国教育发展进入了一个辉煌的历史阶段。此外，战国时期出现了一所官家举办、私家主持的高等学府——稷下学宫，这里汇集了诸多学派，以自由讲学为特色。

稷下学宫是由齐桓公田午在齐国都城临淄城门——稷门附近设立的讲学场所，属官办的高等学府，但任何学者都可以在稷下学宫开坛讲学，言论不受限制，人身来去自由。那么，人们在这所官办的高等学府里都干些什么呢？

小知识

战国时期的教具

毛笔

虽然商朝时毛笔就已经出现，但一直不盛行，到了战国时期才得以大量使用。

削刀

竹简如果写错，墨会沁入竹简，用削刀削掉墨迹才能重新书写。削刀，又称书刀，相当于现在的橡皮擦。

讲学

稷下学宫作为学者集中讲学的场所，讲学活动十分兴盛。学者不受学派限制，学生可以自由选择老师，也可以随意更换老师。稷下学宫还会定期举行学术交流集会，各派学者可以自由演讲、讨论、辩论等。讲学的稷下学者被称为“学士”，前辈被称为“先生”，尤为尊贵者被称为“老师”。

课程表	
课程名称	课程内容
学术交流课	自由演讲、讨论，甚至辩论
诸子百家课	想听哪个老师的课都可以

咨政

稷下学宫也是一个讨论政治时事的地方，稷下学者有一个固定的议政论坛，拥有“不治而议论”的权利。学者们在这里只是老师而非臣子，虽然不担任一官半职，却可以对国家大事发表意见，甚至发表批评性的言论。

著述

稷下学宫中各家学派在讲学和辩论之余，还可著书立说，比如《孙卿子》《公孙固》《邹子》《宋子》等，还有受君王之命整理的《司马兵法》等。

育才

稷下学宫是当时的学术交流中心。道家、儒家、法家、阴阳家等学派都汇集于此。这里的老师们有自己的学说，可以招收自己的弟子。在这里，各家学派通过讲学、著述，培养了许多自家学派的传人和时代所需要的人才。大家熟知的荀子也曾到过稷下学宫。齐襄王时期，他在稷下学宫的众多老师中，威望最高，曾三次被推选为稷下学宫的“祭酒”，是公认的学术首领。

百家争鸣，你想听谁的课

战国时期是一个非常奇特的历史阶段，文不输于武，武不败于文，一边战乱不断，一边文斗不止，各学派的学者、思想家层出不穷。他们不仅有自己的理论，还著书立说，广收徒弟，各自坚守自己的学说，学术氛围浓郁。

阴阳家：战国末期盛行的一个哲学流派，强调“阴阳五行”学说。创始人为齐国人邹衍。

纵横家：战国时期，各国关系复杂，涌现了一批能言善辩的谋士，被称为纵横家。他们仅凭一张嘴在各国游说，为君主服务。据说创始人为鬼谷子，代表人物有苏秦、张仪等。

兵家：先秦时期专门研究军事理论，从事军事活动的学派。代表人物有孙膑、吴起等。

道家：中国古代哲学主要流派之一，在战国时期有很大的影响，是百家争鸣中很重要的一家。老子是创立者，后来庄子也加入了研究道法的队伍。其代表人物还有列子、杨朱等。

法家：提倡以法治国的学派，法家不光是单纯的理论家，也是行动派，注重法律的实际效用。代表人物李悝、商鞅等都曾向君王谏言，建议变法图强。

农家：代表人是许行，他将农业看成是一个国家的根本，劝诫君主种地耕田。

杂家：以博采各家之说见长。吕不韦是代表人物，各大学派也愿意去拜见吕不韦，一起探讨研究。

墨家：墨家主张人与人平等相爱，反对战争，推崇节约，反对浪费，尊重自然规律，甚至亲自钻研科技。其创始人墨翟（dí）是代表人物。

儒家：重视礼教和家族伦理，提倡仁政和教化，代表作有《论语》《孟子》等。孔子是创始人，孟子等属于发扬者。

小知识

最早的教育学论著

《学记》出自《礼记》，是中国古代，也是世界上最早的一篇专门论述教育、教学问题的论著，它主张课内和课外相结合的学习方法。

大一统的秦朝，学法懂法更重要

秦朝是中国历史上第一个大一统的王朝，统治者为了加强中央集权，教育上采取了很多措施。例如：关闭私学、统一文字、以史为师、加强法治教育等。要知道，在秦朝不懂秦律是一件很危险的事。

课程表	
课程名称	课程内容
识字课	认识基础字，学会简单字的书写
法律课	学习国家的法律制度
体育课	学习发弩、骑马和驾车等
数学课	学习九九乘法表，解决生活中的数学问题

禁止私学，创办学室

春秋战国时期是私学快速发展，百家争鸣的鼎盛时期，官员与专职教师各司其职。但秦始皇统一六国后，为了加强中央集权，对私学颁布了禁止令，实行以吏为师的教育制度，再一次将教育权收拢到官府手中，由官府在各地设置“学室”。那么，学室里面的孩子都学些什么呢？

专职教师下岗了，官府委派懂法的官吏当老师，从事教育活动。

初学者要先识字，认识物名，学写字，尤其要学会写自己的姓名。教材有《仓颉篇》《爰历篇》《博学篇》。

当学室弟子识字和写字已经具备一定基础后，开始学习国家的法律制度。他们要学会分析真实发生过的案例、打官司的程序、司法文书的书写格式等。

秦朝有一群专门负责治安的官员，比如县尉、游徼（jiǎo）、亭长、求盗等，这就需要安排体育课，专门学习发弩、骑马、驾车等。

统一文字，小篆出现

秦朝统一六国后，因为各国之间的文字存在较大的差异，所以许多行政令的颁布与实施得不到较好的执行，各地区的文化教育也成了问题。于是，秦始皇采纳了大臣李斯的建议，下令“书同文”，统一了五花八门的文字，制定出一种新的字体——小篆。学室里的学生们课本所用字体，都是这种字体。

学室弟子必须是“吏”的儿子。所谓“吏”，就是政府各级机关的文书、书记、档案员等低级文官。

官吏们还得学习数学知识，掌握九九乘法口诀表。

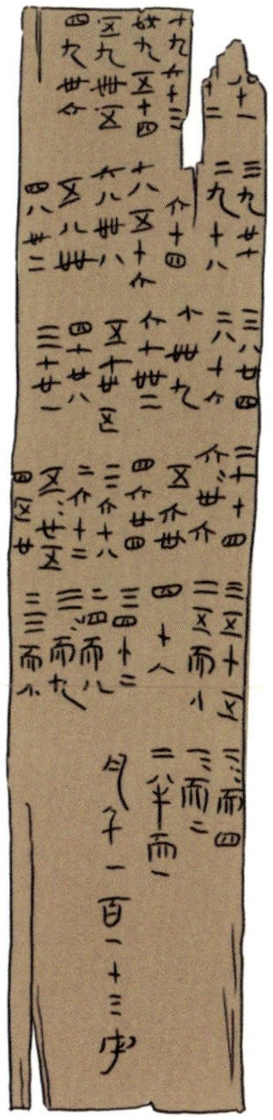

秦朝时的九九乘法表，现收藏于里耶秦简博物馆（位于湖南省湘西土家族苗族自治州龙山县里耶镇）。不过，与今天的乘法口诀表相比，它是从“九九八十一”开始倒着数的。它是当时官府颁发的数学材料。

小知识 毕业做官啦

学室弟子经考试合格之后，便可以毕业做官。不过，在任职之前还要经过一段时间的考核与实习。学室弟子为吏，开始只能做吏这一类较低级的官职，以后会视工作绩效升迁。

去汉朝当太学生

汉武帝即位后，将儒家思想列为正统思想，同时开设官学和私学。其中，官学分为中央官学和地方官学两种，中央官学有太学、鸿都门学、宫邸学。中央官学最重要的是以传授儒家经典为主的太学。私学出现了经馆和书馆两种形式。你想去哪里当学生呢?

太学

公元前 124 年，汉武帝设立太学，这是当时最高级别的大学，也是国家考试机关，既要考查学生成绩，又要为统治阶级选拔人才。太学创建初期设在长安，只招收 50 名学生，传授儒家经典。到了东汉，太学转移到洛阳，人数达到 30000 多人。

九卿之一的太常从京都或京郊内选拔年龄在 18 岁以上、仪状端正者作为正式的太学生。

我们的课程表	
课程名称	课程内容
专业必修课	五经课程，就是《诗》《书》《礼》《易》《春秋》
公共选修课	《论语》《孝经》等选修课程

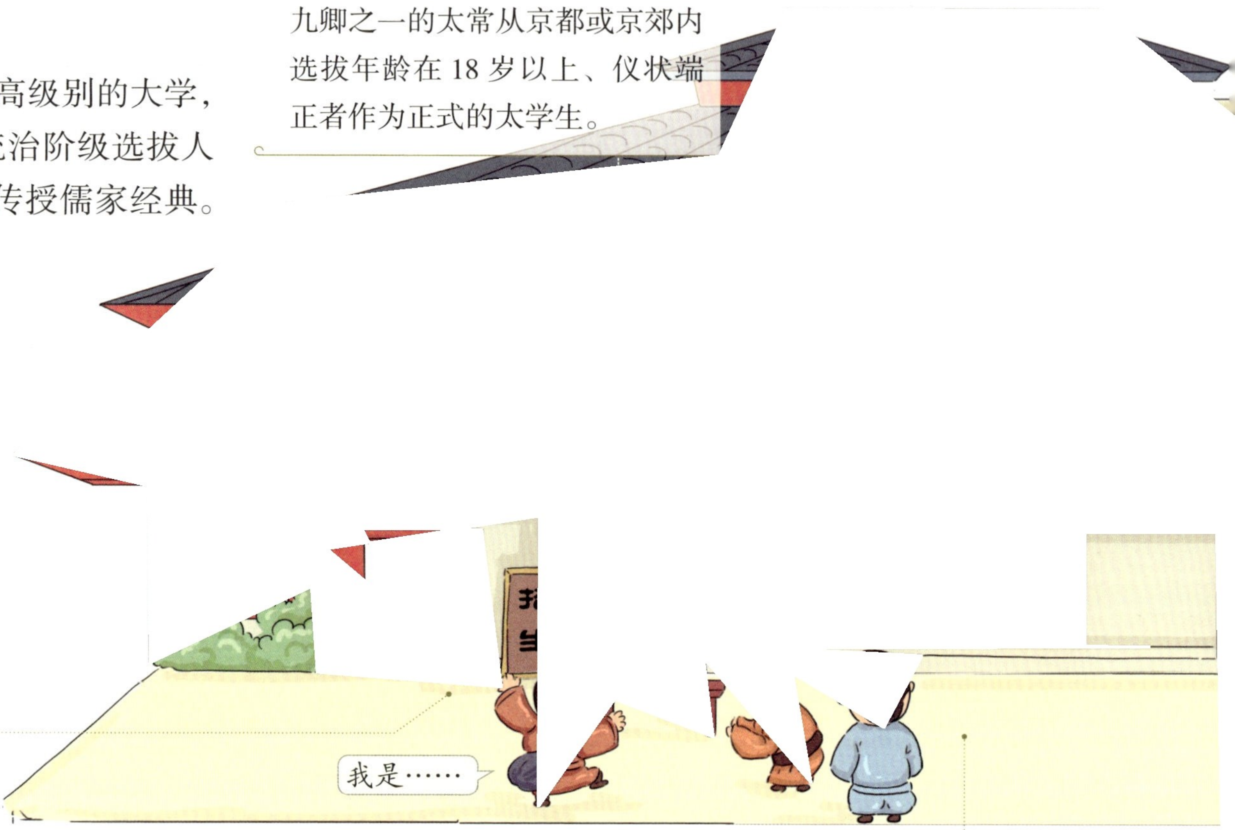

从地方选拔到太学上学的非正式的特别生，没有定额，费用自理，实际就是当时的自费生。

汉武帝开创太学之初，便规定太学每年考试一次，称为“岁试”。到了东汉改为两年一次考试。

太学里的正式教师是博士。博士是一个官职，始于战国时期。秦朝时博士主要负责咨询、文书之类的工作。汉朝太学设立后，博士转化为太学的教师，主要从事太学的教学工作。

射策：考试之前，主考官根据儒经内容提出若干问题，根据难易程度分为两科，学生根据自己的水平随机选择，然后解答。

策试：考官事先出 50 个题目，学生回答得多且好者被评为“上第”。五经中分别选取 6 名“上第者”，张榜公布。

汉朝太学老师少，学生多。老师讲学，大班上课比较合理。老师讲学有专门的讲堂，据说，洛阳太学的讲堂“长十丈，广三丈”，能同时容纳数百名学生听课。高材生、老学生可以教差生、新学生。弟子相传，不仅可以弥补教师短缺的问题，还可以提高学生听课效果。太学生听博士说经以外，有充裕的课外自学时间，这为同学之间相互讨论、学习提供了十分有利的条件。太学生在太学学习的同时，还可以向社会名流学者请教，学习氛围十分浓厚。

汉朝时期的正式教师为博士，博士是对博学多识者的尊称，主要从事太学里的教学任务。随着太学的发展，博士的选拔也越来越严，有明确的考核制度。太学生也被称为博士弟子等。

公共选修课：学生除选习专经外，还要上《论语》和《孝经》等。

口试：每隔一段时间，皇帝会亲临太学视察，召集太学的老师们讲论经义，或考查学生的学习成果。

鸿都门学、官邸学

鸿都门学也是汉朝时期的公办学校，它是汉灵帝在公元178年创办的，是世界上最早的文学艺术专科学校，规模曾发展到千人以上。鸿都门学的学生由地方长官或朝廷里的丞相、御史大夫和太尉举荐，大多在政治和爱好上与汉灵帝相投。学习内容包括辞赋、书法、绘画等。

汉朝的公办学校中还包括官邸学，它分为两种，一种是专门为贵族子弟办的学校，无论是师资力量还是硬件设施都不输太学，甚至比太学条件优厚。另一种是专门为宫人设立的学校。

汉朝时期的私学

汉朝时期的私学分为书馆和经馆两种。书馆又叫作“书舍”，是专为平民设置的。所以，汉朝时期平民子弟一般都在书馆进行启蒙教育。前期，书馆只教授识字、书法课程，如《仓颉篇》《急就篇》等；到了后期才会教授儒学知识，如《论语》《孝经》等。

经馆又称为“精舍”，比书馆要高一级，是一些著名学者讲经的场所，其教学质量可与太学媲美。汉朝时期的经馆与后代书院有着很深的渊源。

经馆里的金牌教师

私学资深大师大多是当时的名士、硕儒等，比如大家熟知的董仲舒、王充等。

董仲舒（约前179—约前104年），西汉时期的哲学家。汉景帝时期，他曾担任过博士，也曾在私学中讲学。汉武帝时期，董仲舒以儒学为核心的思想，深得汉武帝的赞赏。他提出的“罢黜百家，独尊儒术”的主张被汉武帝采纳，儒学成了当时社会的主流思想，影响极其深远。

王充（27—约97年），东汉时期的思想家，道家学派的传承者与发扬者。王充曾两次担任小官，但因无法适应官场上的人际关系而辞官回家，一边教书一边研究学问。

私学里的优秀学生典范

现在一般用“头悬梁锥刺股”来表扬某人学习刻苦，你们知道这个典故中的当事人是谁吗？“头悬梁”指的是孙敬，而“锥刺股”说的是苏秦。孙敬是汉朝著名的政治家，他从小就刻苦学习。为了防止自己打瞌睡，他就用一根绳子，把头发系在房梁上。这样一来，每次他犯困低头想睡觉时，头发就会被绳子扯得头皮生疼，一下子就清醒了，他又可以继续专心读书了。

小知识

了不起的数学专著——《九章算术》

中国的数学历史悠久，早在先秦时期便已萌芽，后来经过不断发展，汉朝时形成体系，而《九章算术》是这一体系的标志性作品。《九章算术》还曾流传到日本、朝鲜，对古代数学的发展产生了很大的影响。

书馆里的启蒙教育

汉朝官学缺乏启蒙教育，孩子们的蒙学阶段多依赖私学，书馆是蒙学的主要场所。在书馆里，孩子们的主要任务是识字、练习书法，也会学习一些数学知识。有了一定的基础后，才开始接触儒学基础，如《孝经》《论语》等。

学生如果违反了学校规定，或者背书、写字不合格，老师会严加管教。

书馆里的教材为《仓颉篇》《凡将篇》《急就篇》《元尚篇》等，以识字、练习书法为主。

纸质书出现啦

纸在西汉时就出现了，当时的纸以麻或丝絮为原料，质地粗糙、不便书写，且产量较少，所以当时的书籍还是以竹简为主，有钱人还会把字写在帛上。到了东汉时期，蔡伦深感帛贵、竹简重，用起来很不方便，于是他决心改造前人的造纸方法，采用树皮、麻头、敝布、鱼网等为原料，经过反复加工、实验，终于造出了价格低、质地细腻、便于书写的纸。人们把这种纸称为“蔡侯纸”，这为纸质书的普及奠定了基础。

魏晋南北朝，在乱世中求学

魏晋南北朝时期，不到 370 年的时间先后出现了 33 个王朝。社会动荡，民不聊生。尽管如此，魏晋南北朝时期，教育却发生了大变革，无论是教育思想、方法，还是学校类型，都可与汉、唐时期比一比。

三国时的学校

曹魏重建太学

220 年，曹丕代汉称帝，建立魏国。他重新修葺了孔庙，并大力兴修太学。为了加强经学教育，魏帝专门设置了 19 个经学博士，这些博士负责传授儒家经典，以培养国家所需的栋梁之才。此外，他还命人在太学门口镌刻石经碑，这些石碑上的内容被作为标准教材，供学生们学习和参考。魏国在教育制度有一个很大的改变，它将学校学习与文官选拔考试统一在一起，安排了阶段性考试。

课程表

课程名称	课程内容
五经	《诗经》《尚书》《礼记》《周易》《春秋》

初入学校的学生就是预备生，称为门人。学满两年并考试通过一经者，才是正式生，称为弟子。没有通过考试的要退学。

学满两年并考试通过二经者，可以当文学掌故。没有通过考试的要补考。文学掌故满两年，通过三经考试者，可以成为太子舍人。未通过者可以参加下次复试。太子舍人满两年，通过四经考试者，可以成为郎中。不及格者也要复试。郎中满两年，通过五经考试者，根据才能而录用。

曹魏时期的地方学校

建安八年（203 年），曹操颁布了《修学令》，要求大力兴修地方学校，地方官员担任老师。227 年，魏明帝在教育上做出改革，成立律学，打破了经学一统天下的局面。

无比火热的专科学校

在这个时期，专科学校继续发展，学科种类增多，迎来了一个发展的小高潮。

221 年，蜀国的刘备登基后，设立太学，设置博士担任老师。刘备在益州等地设立了州学，并任命劝学从事等官员来负责教育事务。吴国的孙权继位以后，设立了国学。吴景帝时期，又下诏设置学宫，允许积极向上、热爱读书的文武百官子弟到学宫上学。

两晋时期增设国子学及中央学宫

随着三国时代的结束，两晋登上了历史舞台，两晋在历史的洪流中如昙花一现，仅存在了 150 多年。虽然西晋比东晋时间短，仅存在了 50 多年，但西晋和平的时间长于东晋，教育也比东晋发达。此时的中央官学包括太学和国子学，学习的内容同样以儒家学说为主。西晋初期，太学设置 19 个博士，教授朝廷认可的各家经说，如《周易》《尚书》等；东晋时设置 9 个博士，教授《论语》《左传》等。

南北朝时期地方官学初具规模

州郡学校是南北朝时期的地方官学。北魏是鲜卑族拓跋氏建立的北方政权。在中国几千年的历史长河中，少数民族入主中原，势必要经历“汉化”的过程，用汉名、穿汉服、写汉字、说汉话、与汉人通婚等。北魏依照大郡、次郡、中郡、下郡等州郡大小专门设置州郡学校，明确规定了学校的规模。

老师与学生的来源：

1. 博士要博通经典，道德高尚，年龄 40 岁以上。
2. 先招收高门士族子弟，其次是中等地主阶级子弟。

州郡学校的师生

按郡的大小规定博士、助教及学生的名额。

1. 大郡立博士 2 人，助教 4 人，学生 100 人。
2. 次郡立博士 2 人，助教 2 人，学生 80 人。
3. 中郡立博士 1 人，助教 2 人，学生 60 人。
4. 下郡立博士 1 人，助教 1 人，学生 40 人。

最早的教研机构——总明观

南北朝时期，宋明帝刘彧（yù）在都城建康（今江苏南京）建立了中国最早的研究机构——总明观，下设儒、玄、文、史四科。它并不是纯粹的教学机构，还负责藏书和做研究。

最强教学辅助来了

魏晋南北朝时期，书法艺术经历了成熟与蜕变，各种字体在这一时期得到了极大的发展和完善。上到帝王，下到市井百姓，都对书法艺术家怀有极高的敬意和追捧之情。相传，王羲之（303~361 年）自幼酷爱书法，7 岁开始学习书法，17 岁就能够熟练地临摹前辈们的作品。经过不懈的努力和钻研，王羲之最终被誉为“书圣”，其经典作品《兰亭序》更是被誉为“天下第一行书”，流传千古。

大书法家王羲之熟知制笔方法，他认为，制作优质的毛笔需用秋兔毫，因为秋天的兔子较为肥壮，其毫毛相对较长且质地坚韧、锐利，适合用来制作毛笔。

私学驾到

魏晋时期，官学发展萎靡，私学反而兴盛。当时，在职官员、退休官员、隐士都纷纷兴办私学。魏晋时期的私学体系虽不完善，但特点十分突出，例如：私学一直延伸到边陲地区；教学课程丰富，除五经外还包括百家之言等。

南朝时期的私学，出现了一个特殊性质的学校形式——家学，其中颜之推的《颜氏家训》是这个时期家庭教育的代表作。到了北朝时期，私学的规模、覆盖的地域比南朝时期更广，教学内容又新增了医学。

考核方式改变啦

魏晋南北朝时，为了选拔人才，推行九品中正制，负责品评人才的官员称“中正”，他们派人调查各地士人的身世和家庭情况，还要调查他们的言行举止、道德品质等，做出评分，再把他们划分为九品三级，即上上、上中、上下、中上、中中、中下、下上、下中、下下等品级，以此作为官吏升迁的标准。

上上

上中

上下

中上

中中

中下

下上

下中

下下

短暂的隋朝，开创延续千年的科举制度

隋朝统治的时间虽然很短，只有 38 年，但它结束了社会的动荡和混乱。隋朝皇帝对教育非常重视，下诏鼓励全民学习，大力发展官学。与此同时，一个前所未有的教育机构——国子监产生了，相当于现在的“教育部”。同时，隋朝还首创了延续千年的科举制度，为人才的选拔制定了明确标准。

国子寺是怎样工作的

隋文帝设立专管教育的政府机构国子寺，后来改名为国子监。国子监内设有国子祭酒 1 人，总管教育事务，管辖着国子学、太学、四门学、书学、算学等。

国子学，教师方面设有国子博士 5 人，负责分经讲课；助教 5 人，协助博士上课。国子学专门招收贵族及高官的孩子，定额 140 人，人数不够就会补足。

太学，教师方面设有博士 5 人，分经授课；助教 5 人，协助博士上课。学生的门第低于国子学的学生，同样以教授五经为主。

书学，教师方面设有博士和助教各 2 人，教授汉字“六书”的构造原则和文字“八体”的不同写法，专门培养书法人才。从庶族子弟中招收学生 40 人。

算学，博士和助教各 2 人，主要教授计算，尤其是天文、历法、财务、工程等方面的计算。学生 80 人左右。

小知识

国子寺的来历

随着学校的发展，管理机构也有相应的变化，原来国子寺是太常寺（掌管礼乐的最高机构）的下属部门，后来因规模逐渐扩大，事务繁多，有了独立设置的必要。

四门学：设有博士、助教各 5 人，主要传授五经知识。从地方州县推选优秀的平民学生 360 人。

隋朝首创科举制度

隋朝结束数百年的纷争，建立了统一的中央集权国家，亟须人才，而先前的九品中正制已不能满足需求，一个全新的划时代的制度问世了，这就是影响深远的科举制度。

课程表

课程名称	课程内容
儒学经典	《周易》《尚书》《孝经》《老子》等
律学	修习律法
书学	以学习《石经》《说文》《学林》为专业
算学	以学习《算经》为专业

地方通过初级考试逐一筛选优秀学子，这些学子随后被推选至京城，在同一考场内按照不同科目进行考试，评定成绩后择优录取。科举制度的实施打破了士族豪门对政权的垄断，为广大庶族士人提供了进入仕途的上升通道。

个人自愿报考，但工商业出身的人不能参加。

私学中的名师

隋唐时期，私学备受重视，政府鼓励有识之士开设私学。

当时最著名的学者是刘焯（544—610 年），他创办了学校，主要讲授《周礼》《礼记》《毛诗》《尚书》《公羊》《左传》《孝经》《论语》，以及自己撰写的《五经述义》。

本想通过仕途入仕的王通（584—617 年）也投身于教育事业，当起了教书匠。他广收徒弟，以写书和讲述课业为生。闲暇时，他还会和弟子们探讨政治、哲学等思想问题，唐朝名相房玄龄就是他的弟子。

去大唐上学，与留学生做同学

唐朝是一个经济快速发展，多国文化大融合的朝代。在大唐盛世的背景下，有很多外国学生前来学习、交流。此时，官办学校是主流。除了国子学、太学、四门学、书学、算学以外，还有律学、广文馆等。国子学后来改成了国子监，成了管理官办学校的行政部门，直接对皇帝负责。国子监也是国家的最高学府，专门用来培养管理型人才。唐朝对私学也十分重视，县以下的乡里，政府不再设官学，而是由民间人士来筹办私学，在礼教、风俗等方面引导学生。

国子监的规模变大了

唐朝在都城长安及洛阳分别设置了国子监。国子监作为国家的最高学府，其规模不是一成不变，而是不同时期不同条件下有不同的规模。贞观年间，中央官学极其繁荣，学生人数达到3260人。有讲学活动时，学生人数可达8000人。

教师团队扩大了

国子监设国子祭酒1人，为从三品官员，掌管监学训导的政令。国子司业2人，为从四品以下官员，作为祭酒的副手，协助祭酒监学。监丞1人，从六品以下官员，掌管日常所有行政事务。主簿1人，为从七品以下官员，训导学生与执行学规。录事1人，为从九品以下官员，掌管来往文书、收发记录。

开学前先拜师

刚入学的学生要选定一个合适的时间，穿好礼服，举行隆重的拜师礼，还要给老师敬献礼物。

官学的入学制度

唐朝的官学有着严格的等级制度，学生按照门第高低、父祖官位的品级进入不同的学校。贵族和官员家的孩子优先入学，国子监接收文武官三品以上及国公的子孙、从二品以上官员的曾孙。太学接收文武官五品以上及郡县公的子孙、从三品官员的曾孙。四门学接收文武官七品以上及侯伯子男的孩子、庶族子弟有文化知识的经考试选拔为俊士者。律学、书学、算学接收文武官八品以下的孩子，庶族子弟懂得该项知识的孩子也可以入学。

学校来了留学生

唐朝时，很多外国学生到都城长安留学，学习大唐的经、史、法律、礼制、文学和科技等。

官学的考试规则

国子监的考试分为旬考、月考、季考、岁考等。学生在毕业考试中通过二经以上，有入仕想法的，再经过层层考核过关者便可参加科举考试。如果考试合格被录用了，就像我们现在考上大学一样，会有专人送通知书到家里。

官学的假期

古人以 10 天为一旬，上学 8 天，安排 1 天考试，接着可以休息 1 天，称为旬假。五月份要农忙、九月份要准备冬衣，分别安排 15 天的假期（田假、授衣假），学生可以回家探亲。如果路途较远，还能增加路程假。

课程表

课程名称	课程内容
必修课	《周易》《尚书》《周礼》《仪礼》《礼记》《毛诗》《春秋左氏传》《公羊传》《谷梁传》各为一经。中《礼记》《左传》为大经，《毛诗》《周礼》《仪礼》为中经，《周易》《尚书》《公羊》《谷梁》为小经
兼修课	《孝经》《论语》《老子》兼习之
凡习《孝经》《论语》共限 1 年，《尚书》《公羊传》《谷梁传》各 1 年半，《易》《诗》《周礼》《仪礼》各 2 年，《礼记》《左氏传》各 3 年	

唐朝入学年龄没有硬性规定，开蒙较早的四五岁，较晚的八九岁，通常在六七岁入学受教。

学生的学习内容以读、写、算为主，尤其重视读写。

图书馆闪亮登场

唐朝时，全国修建了很多和现在的图书馆一样供人读书的地方，叫作书院。初期，书院是私人读书藏书的地方，所有藏书都是手工抄写的，数量有限。随着唐朝后期印版书的出现，书院藏书逐渐丰富，有学问的人开始在这里讲学。

宋朝书院盛行，名师辈出

宋朝皇帝重视教育，把“兴文教”政策的重点放在兴学育才上，并先后出现了三次大规模的兴学运动。这些运动包括增设官学，修订科举制度，进一步推崇儒家思想等。在教育制度方面，宋朝基本延续了唐朝的制度。当然，宋朝在教育办学上也有其独特的亮点——书院制度的兴起，书院名师辈出，学习氛围相当浓厚。

去书院上课

宋朝创立了很多新书院，也翻新了部分前朝废弃的书院。朝廷会为书院提供教育经费，并为书院划分田地。

各地书院还会商订日期，明确授课主题，举办讲会，很多外地学者会不远千里来参加讲会。

学生可以自主学习，一起切磋讨论，经常举办质疑答辩活动等。

山长、洞主或院长一般由年纪稍长、德行较高的人来担任。他们既是老师，也相当于“总经理”，负责管理书院里的大小事务。

带你参观著名书院

岳麓书院位于今湖南长沙，由北宋潭州太守朱洞创建，后来宋真宗亲书“岳麓书院”匾额以褒奖。

书院里的名师

欧阳修（1007—1072 年）不仅是杰出的文学家，还是一位爱才惜才的老师。他与苏轼（1037—1101 年）亦师亦友，二人在政治上相互支持，在学识上一起切磋，在精神上相互慰藉。苏轼在文坛上迅速崛起，与欧阳修的赏识与推荐密不可分。

朱熹（1130—1200 年）是南宋著名的思想家和教育家。他从教 50 年，提出要明确划分“小学”和“大学”阶段。朱熹特别重视儿童教育，为此专门编写了儿童教材和读物。

课程表

课程名称	课程内容
主修	四书：《大学》《中庸》《论语》《孟子》 五经：《诗经》《尚书》《礼记》《周易》《春秋》
选修	儒家大师的心得、诗赋、历史典籍、实用技术等

应天书院，五代十国时就已经存在，宋朝时被宋真宗御赐匾额。著名文学家、政治家范仲淹（989—1052 年）在应天书院执教期间，不仅把“天下同文”的校训发展为“以天下为己任”，还传播“先忧后乐”的家国情怀，讲述治国安邦的大政方针。

嵩阳书院位于今河南登封的嵩山上。它最早只是北魏的佛教寺院，宋朝时被重修成书院，平时授课以儒家经典为主。这里是程朱理学的发祥地之一。

白鹿洞书院位于今江西庐山，著名的理学家朱熹曾在这里讲学。他制定的《白鹿洞书院揭示》（又称《白鹿洞学院学规》）后来成为历代书院普遍遵循的重要学规。

小知识

嵩山上的活文物

据传，汉武帝游河南登封嵩山时，发现了一棵高大的柏树，于是封其为“大将军”。然而，不久之后，他又遇到了两棵更挺拔、更壮观的柏树。由于帝王说出的话不能随意更改，他只好将这两棵树分别封为“二将军”“三将军”。其中，“二将军”柏树高 18.2 米，树干粗 12 米多，历经两千多年的岁月洗礼，存活至今。难怪有人说嵩阳书院内藏着一个“活着的文物”！

元朝，农民有了专属学校

元朝时，地方官府大体承袭了唐宋时期的地方官学模式，并在此基础上增设了“社学”，这一制度被沿用至明清时期。社学的设立有效填补了农民教育的空白，让广大百姓受益，进一步完善了官府的办学体系。

走进农村的学校

为了发展农村地区的文化教育，元朝官府在各地设立了社学，在农闲间隙为农家子弟提供教育服务。这里的社是元朝的基层管理制度，农村每50户为一社，熟悉农事的年长者担任社长，督促大家耕作务农。每社设一所学校，即社学。

外国语学校出现了

元朝与西域各国联系密切，交往频繁。因为外语人才紧缺，官府为此设立了回回国子学，类似外国语学校，专门教授波斯文。

小知识

八思巴文

为了便于多民族间的交流与管理，元朝开国皇帝忽必烈命国师八思巴创造一种能够译写其他民族文字的通用文字，最初称“蒙古新字”，不久改名为“蒙古字”。元朝灭亡之后，该字体被废弃。现在国内外的学者将其称之为“八思巴文”或“方体字”。

课程表

课程名称	课程内容
农业技术教育课	耕垦技术、播种技术、农田水利灌溉、农业机械等，教材主要包括《农桑辑要》《农书》《农桑衣食撮要》《栽桑图说》等
儒家教育课	诵读儒学典籍，写字，计算等，教材选用《孝经》《小学》《大学》等

重要的蒙学教育

在元朝，对儿童进行启蒙教育的学校，称为“蒙学”。当时，官府不仅广泛设立小学，还积极鼓励民间开办私塾和家塾等，坚持让孩子学习儒家文化。在这一时期，经典蒙学教材《三字经》《百家姓》《千字文》首次齐聚一堂，共同为儿童的启蒙教育服务。元朝的蒙学教育在内容上形成了自己的特色，学校数量显著增加，这对后来明清时期的蒙学教育发展产生了深远的影响。

皇帝也要勤奋学习

给皇帝上课的老师有一个专门的名称，叫作“经筵”。他主要讲授祖宗遗训、经史格言、治国之道等课程。

忙碌的皇太子

皇太子住在东宫，内设端本堂，皇帝会聘请优秀的老师给皇太子上课。皇太子不仅要向蒙古老师学习八思巴文，汉族老师学习汉字，还要学习藏语等。

明朝武学，正宗的官办军事学校

明朝建立后，确立了“治国以教化为先，教化以学校为本”的文教政策。明朝以官学为主，主要学习四书五经、程朱理学等。为了培养治国人才，明朝广设学校，通过科举选拔人才。不仅如此，为了磨砺武将后人的意志，明朝设立了专科学校——武学。

我们的课程表

课程名称	课程内容
文化必修课	学习四书五经：《大学》《论语》《孟子》《中庸》《诗经》《尚书》《礼记》《易经》《春秋》
	学习程朱理学：《五经大全》《四书大全》《性理大全》
武学课	学习武器操作：训练弓弩、骑射、戈矛、防御，以及火器操作
	学习军事战术：阴阳星历、火攻水战、阵图等战术
	研习兵家名著：《武经七书》是当时重点学习内容，包含《吴子》二卷、《六韬》六卷、《司马法》三卷、《三略》三卷、《尉缭子》五卷，并收有《孙子》三卷、《李卫公问对》三卷，共七种二十五卷

武学遍布全国

明朝初期，武学主要设立在边关卫所，辽东地区是最早设立武学的地方。随后，明朝政府又在西北和中原地区的要塞设立军卫武学。之后，几乎在全国各地的卫所都设立了武学。

社学遍地开花

明朝继承并发展了元朝的社学制度，在城镇和乡村地区设立社学，以民间子弟为教育对象。学生需要学习明朝的律法；诵读《百家姓》和《千字文》等；学习经、史、历、算等知识；兼读《御制大诰》，学习冠、婚、丧、祭等礼仪。明朝社学的大力发展与政府的扶持是分不开的，其目的是为了从小培养“良善之民”，维持统治。

通过比试，考核合格后才能接受世袭官位。

惩罚有了固定地

明朝政府为了加强对官学的管理和控制，在国子监设立“绳衍厅”，对违规师生执行刑罚。

武举考试是武生们登科入仕的最好途径，他们不仅需要熟读《孙子》《尉缭子》《吴子》《六韬》等兵书，还得比拼骑马射箭、格斗技巧等。

小知识

学校等级划分

明朝时期，官学主要分成两种，中央官学与地方官学。中央官学包括国子监、宗学、武学等，地方官学包括府学、州学、县学、医学、阴阳学、社学等。其中国子监相当于大学，武学、医学、阴阳学等相当于专科学校，州学、县学相当于中学，社学相当于小学，宗学则是贵族们上的学校。

清朝，学习为科举服务

清朝建立后，在教育制度上基本沿用了明朝的旧制，在中央和地方广泛设立学校。不同的是清朝为维护满人统治，在官学中专门为宗室子弟开设了觉罗学。此外，还为八旗子弟专门设立了学校。清朝时期，仍然以科举考试来选拔人才，建立了更加严密的科举管理制度。

课程表

课程名称	课程内容
文书类课程	满人学习经书、时文
	汉人学习儒家经典、满文、蒙古文
射击类课程	13 岁左右学习平地射击
	16 岁之后学习骑射

去觉罗学校看一看

觉罗学兴建于雍正七年，也就是 1729 年。八旗觉罗姓氏的孩子，8 岁以上 18 岁以下的都要入学。觉罗学内设 1 名大总管，由王公大臣来担任；副总管 2 人，每天在校区内巡查、监督学生的学习；满文教习 1 人，由满族出身的进士、举人等担任；骑射教习 1 人；每 10 名学生配备汉书教习 1 人。

小知识

八旗制度

八旗是清朝特有的一种军事组织制度，由满族的狩猎组织演变而来，分为正黄、正白、正红、正蓝、镶黄、镶白、镶红、镶蓝八旗。八旗制度在清朝的军事、政治、社会等方面具有重要地位，是其维护统治的重要支柱。

八旗子弟的专属学校

清政府为了维持政权的稳固，专门为八旗子弟设置了学校，如八旗官学、景山官学、咸安宫官学，前者归国子监管，后二者由内务府管辖。八旗官学设立于顺治元年（1644 年），共有四所，配备满、汉教习，学习内容为满书、汉书和骑射。景山官学设立于康熙二十五年（1686 年），被安置在皇城北上门两侧的官房里，每房有满文教习 3 人，汉文教习 4 人，景山官学招收内府三旗下佐领、管领下的幼童，学习满文和汉文。咸安宫官学设立于雍正七年（1729 年），是景山官学的补充校，从景山官学及佐领、管领下招收 13~23 岁的青少年，学习满语、骑射。

在八旗官学里，文化课和习武课同等重要。

科举考试进行中

清朝的科举考试是国家选拔人才的大事，它沿用了明朝的制度，又根据自身情况进行调整，建立了更加严密的制度体系。

清朝科举考试分常科和制科两大类。常科是主要形式，包括文科、武科、翻译科等，其中文科为科举考试的主体。

科举考试很严格，考生进入考场前，都要被严格检查。

清朝的科举考试与明朝一样，三年一大考，考生们需要依次通过童试、乡试、会试、殿试四级，分别获得秀才、举人、贡士、进士的称号。

考卷要求字迹工整，卷面整洁。如果不小心沾了脏东西，答题再好，考生也不会被录取。

走进近代新式学堂

1840 年，鸦片战争爆发，西方列强用炮火轰开了中国大门，中国开始沦为半殖民地半封建社会。1861 年，清政府设立“总理各国事务衙门”，作为总揽洋务全局的中央枢纽，这标志着洋务运动的开始。在此期间，中国的教育仍然以传统的封建教育为主体，但洋务派举办的各类新式学堂，开辟了传统教育之外的另一番天地，萌生了近代新教育。

京师同文馆：近代第一所新式学堂

鸦片战争后，中外交涉的事宜逐渐增多，急需外语人才。1862 年，京师同文馆正式成立。这是清政府在北京创办的第一所新式学堂。

学生要参加月考、季考和岁考，每三年参加一次大考。考试成绩是授官或降革的依据。

同文馆创立之初，只有英文馆，后增设了俄文馆和法文馆，每馆 10 名学生，从八旗子弟中挑选。后来，京师同文馆增添天文、算学馆，年龄在 20 岁以上的举人、贡生或五品以下出身的京外官员才有资格入学。

课程表

课程年限	课程内容
第一年	认字、写字，浅解辞句
第二年	练习文法，翻译条子
第三年	讲读史略及各国地理，翻译选编
第四年	数理启蒙及代数学，翻译公文
第五年	讲求格物、平三角、弧三角、几何原本，练习译书
第六年	讲求机器、微分积分、航海测算，练习译书
第七年	讲求化学、天文测算、万国公法，练习译书
第八年	天文测算，地理金石，富国策，练习译书

新式学堂里的名人

陶行知（1891—1946 年），安徽人，认为生活即教育，社会就是学校。

胡适（1891—1962 年），安徽人，曾任北京大学校长，倡导“白话文”。

蔡元培（1868—1940 年），浙江人，曾任北京大学校长，开“学术”与“自由”之风。

新式学堂大多被保留下来

从第一所近代新式学堂“京师同文馆”开始，到 1905 年科举制度的废除，清政府一共创办了近 40 所新式学堂，有些学堂如今已经成为世界闻名的大学。

1898 年，中国近代第一所国立综合性大学“京师大学堂”创立，它不仅是国家最高学府还兼具最高教育行政机关的职能，统管全国教育。1912 年，改名为“国立北京大学”，即“北京大学”。

抗日战争期间，当时的北京大学、清华大学、南开大学被迫迁往云南昆明，共同组建了“国立西南联合大学”。在极其艰苦的战争年代，这所学校不仅坚持办学，还培养了大量优秀人才，为中国教育的发展和精神传承做出了巨大贡献。

1906 年，暨南学堂在南京创立，这是中国最早由国家创办的华侨学府，主要招收归国华侨学生。历经历史变迁，它发展成现在的“暨南大学”。

清华学堂成立于 1911 年，最初是清政府建立的留美预备学校。1928 年，它更名为“国立清华大学”，致力于培养高层次的人才，并进行科学技术研究。1937 年抗日战争全面爆发后，清华大学为了躲避战乱，曾两次迁校，历经多地辗转，最终在 1946 年返回北京原址校区。

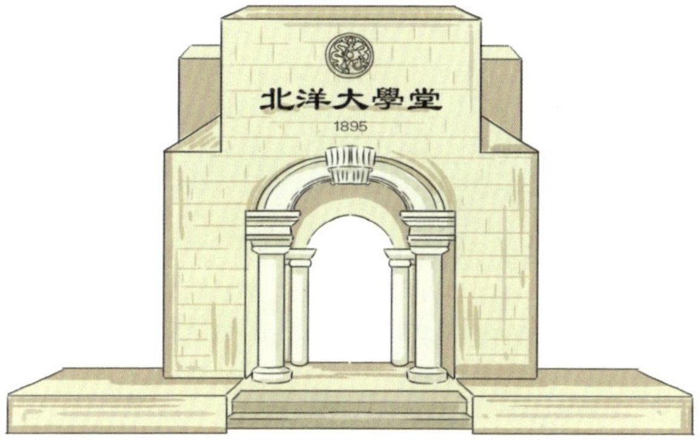

北洋大学创办于 1895 年，初名为天津北洋西学学堂，是中国近代第一所官办大学。1896 年，它正式更名为“北洋学堂”。1951 年，经过院系调整，北洋大学更名为“天津大学”，至今已有 120 年的历史。

山东大学堂创立于 1901 年，它是我国历史上最悠久的大学之一。在其发展过程中，山东大学堂先后经历了山东大学堂（初创时期）、省立山东大学、国立青岛大学、国立山东大学，并最终定名为山东大学。

新中国，接受教育是儿童的权利和义务

新中国成立后，国家高度重视教育事业，先后推出九年义务教育制度，全面推进素质教育等。

课程表

星期一	星期二	星期三	星期四	星期五
语文	数学	语文	英语	语文
数学	语文	数学	语文	体育
科学	音乐	体育	数学	道法
班会	美术	信息	科学	数学
语文	英语	书法	音乐	美术
语文	数学	语文	体育	班会

备注：以上为某地小学生课程表，因地区不同课程表有所调整。

人生第一所学校

满 3 周岁的孩子就可以去幼儿园学习了。孩子们要学习自己吃饭、睡觉、穿衣服，还要和小朋友一起做游戏，学习唱歌、跳舞、画画、文化知识等。

现代化校园布局规划合理，教学楼里按年级和班级划分教室，每个班的学生人数不等。校园里通常配有图书馆、食堂、操场等。

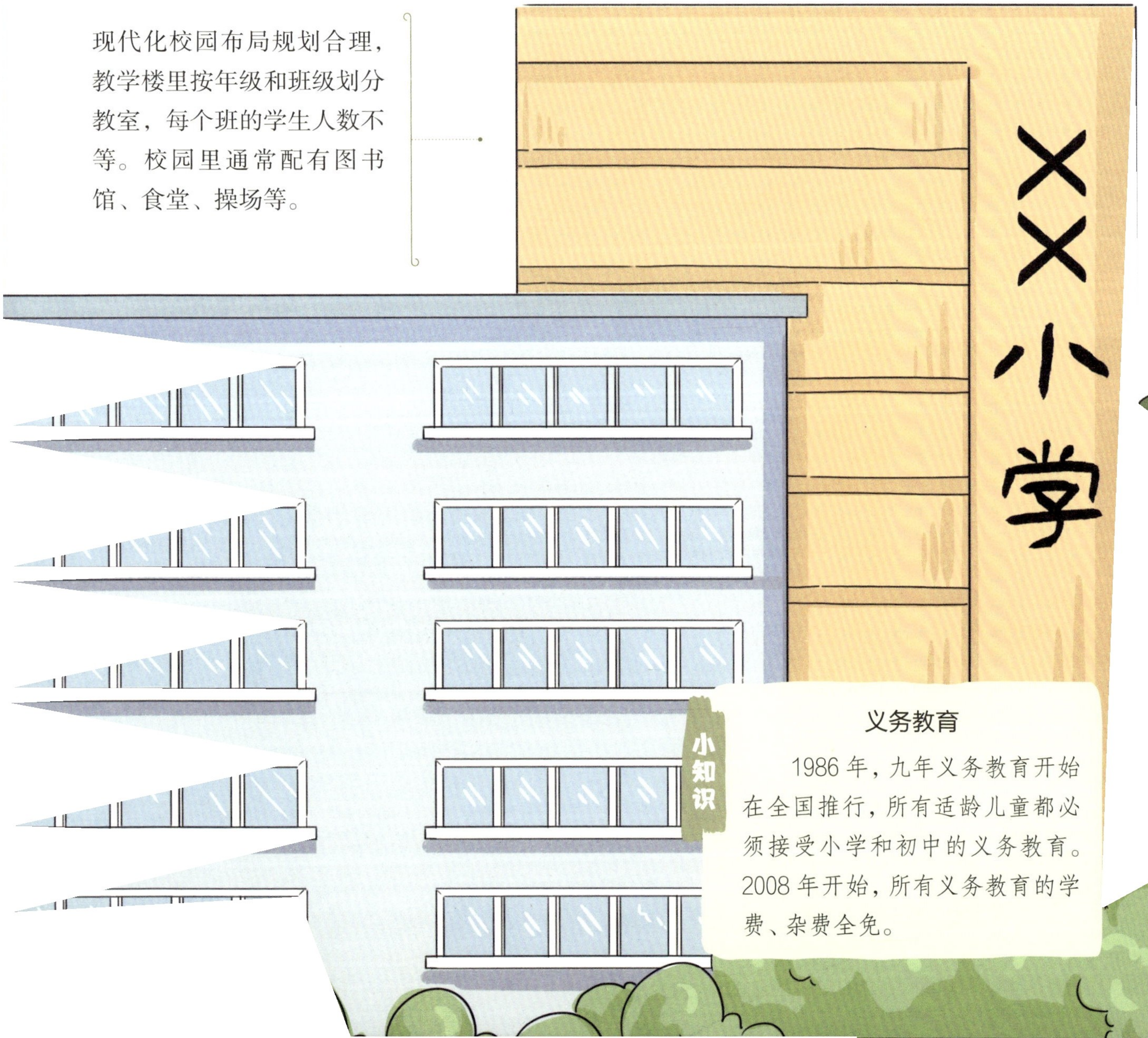

正式成为小学生

满 6 周岁的孩子需要接受小学初等教育，年限大多为 6 年。小学生开始正式学习语文、数学、英语、道德与法治、科学、微机（电脑）、体育、音乐、美术等课程，需要掌握基本的读写及计算。

小知识

义务教育

1986 年，九年义务教育开始在全国推行，所有适龄儿童都必须接受小学和初中的义务教育。2008 年开始，所有义务教育的学费、杂费全免。

初高中生的学习有点儿忙

告别小学，小朋友们迎来了中等教育，主要分为初中、高中两个阶段，也包括中高级的职业学校。这个阶段的课程可比小学多多了，物理、化学、生物、地理、历史……这些科目都会走进你的课程表。

工作前的专业深造

孩子们初中毕业后，可以升入高中或接受中等职业教育。专科、本科、研究生属于高等教育。

教室内窗明几净，有电风扇或空调，北方还有暖气。教室里有崭新的桌椅，黑板都智能化了，装有电脑、投影仪，方便老师上课。

学生们上课要坐姿端正，听讲认真，积极回答老师的问题。

未来的学校

同学们，你们认为未来的学校里都有什么？老师们会怎么教？同学们会怎么学习呢？